어린이 눈높이에 맞는 좋은 책 만들기에 앞장서겠습니다.

이 책의 내용을 교과서에서도 찾아 보세요!

**통합교과 1~2학년군**　학교 1-1　1. 우리 학교
**통합교과 1~2학년군**　봄　1-1　1. 봄맞이
**통합교과 1~2학년군**　가족 2-1　2. 다양한 가족

나 혼자 해볼래
# 운동하기

**나 혼자 해볼래 시리즈**

평소 생활과 학습활동을 엄마의 도움을 받지 않고, 혼자서 해볼 수 있도록 도와주는 실용 동화책입니다.
어린이 스스로 목표를 세우고, 혼자서 해보고, 그 결과를 평가해 봅니다.
"나 혼자 해볼래." 하고 씩씩하게 말하는 어린이가 될 수 있을 거예요.

# 나 혼자 해볼래 운동하기

**초판 발행** 2014년 08월 18일
**초판 2쇄** 2017년 08월 20일

**글** 권자경
**그림** 송하완

**발행인** 이진곤
**발행처** 씨앤톡
**임프린트** 리틀씨앤톡
　　　　　**출판등록** 제 313-2003-00192호(2003년 5월 22일)
　　　　　**주소** 경기도 파주시 문발로 405 제2출판단지 씨앤톡 사옥 3층
　　　　　**전화** 02-338-0092
　　　　　**팩스** 02-338-0097
　　　　　**홈페이지** www.seentalk.co.kr
　　　　　**E-mail** seentalk@naver.com

ISBN 978-89-6098-209-3   74810
ISBN 978-89-6098-199-7   74810 세트

· 본 책은 저작권법에 의해 보호를 받는 저작물이므로 무단 전재와 복제를 금합니다.
· KC마크는 이 제품이 공통안전기준에 적합하였음을 의미합니다.

| **모델명** | 나 혼자 해볼래 운동하기 | **제조년월** | 2017. 08. 20. | **제조자명** | 씨앤톡 | **제조국명** | 대한민국 |
| **주소** | 경기도 파주시 문발로 405 제2출판단지 | **전화번호** | 02-338-0092 | **사용연령** | 7세 이상 |

리틀씨앤톡은 씨앤톡의 어린이 브랜드입니다.

# 나 혼자 해볼래
## 운동하기

권자경 글 | 송하완 그림

리틀
씨앤톡

## 이 책의 활용 방법

**1** 장마다 한 가지씩 쓰여 있는 '스스로 세우는 목표'를 천천히, 또박또박 소리 내어 읽어 보세요.
이 목표는 내가 꼭 알아야 하는 거니까 기억해 두세요.

**2** 책을 읽고 주인공과 '나' 사이에 비슷한 점과 다른 점을 찾아보세요.

**3** 이야기 사이에 알아두면 좋을 상식들이 숨어 있어요. 중요하다고 생각되는 곳에 동그라미를 치고, 꼭 기억하세요.

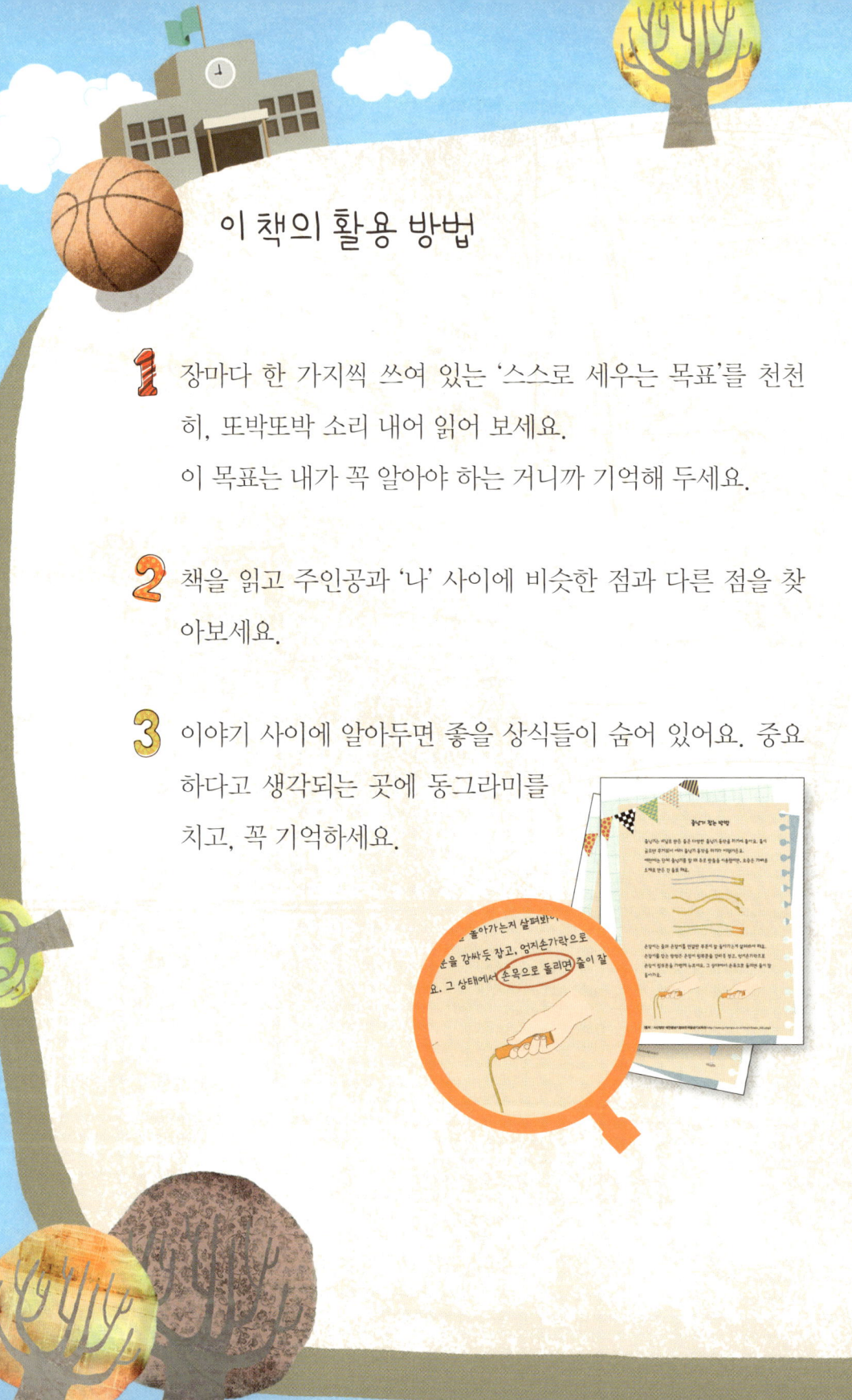

4 재미있게 읽었나요? 이제 1번으로 돌아가 '스스로 세우는 목표'대로 혼자 해보세요. 충분히 혼자 할 수 있어요!

5 '스스로 평가'에서 질문을 읽고 나에게 해당하는 것에 동그라미 표시를 하세요.

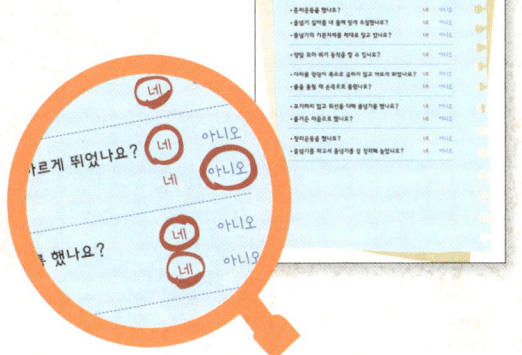

6 매일 조금씩 운동하는 습관을 길러 보세요.

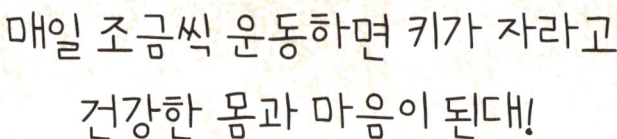

# 매일 조금씩 운동하면 키가 자라고 건강한 몸과 마음이 된대!

**"혼자서 할 수 있어요."
간단한 도구만 있으면 끝!**

이 세상에는 재미있는 놀 거리와 군것질거리가 많아요. 특히, 컴퓨터 앞에 앉으면 시간 가는 줄 모르고 게임 속에 빠져들게 돼요. 왜냐하면, 게임 속 세상에선 내 맘대로 할 수 있으니까요. 하지만 게임을 오래 하면 시력이 나빠질 수 있어요.

성장하는 나이에는 오래 앉아있기보다 매일 조금씩 운동을 하는 것이 중요해요. 그래야 키가 크고 건강한 몸과 마음을 갖출 수 있거든요. 또, 성장기에 운동하는 것은 스트레스 해소에도 도움이 돼요. 그런데 운동을 싫어하는 친구들은 어쩔 수 없을 때에만 하거나 하기 싫은 숙제처럼 생각하곤 하지요. 그래서 운동해야 할 때가 되면, 평소에 하지 않던 운동량을 하루에 다 해버린답니다. 한꺼번에 운동하게 되면, 그동안 쓰지 않던 근육들이 놀라게 되어 온몸이 아플 수 있고, 몸과 마음이 쉽게 지쳐버리게 돼요.

    이 책은 운동에 재미를 붙이고 기초를 다질 수 있게 도와주는 책이랍니다. 무엇이든 기초를 탄탄하게 하는 것은 중요하니까요. 그래서 우리가 다른 사람 도움을 받지 않고 할 수 있는 줄넘기와 훌라후프를 다루었어요. 이 두 가지 운동은 복잡한 규칙이 없어 누구나 쉽게 할 수 있는 운동이니까요.

    운동할 때는 안전에도 신경 써야 해요. 복장과 장소도 중요하고, 준비운동도 꼭 필요하답니다. 운동하기 전에 책에 나오는 주의점을 꼼꼼히 읽어보세요.

    혹시 지금 '나는 운동을 못해.', '운동은 정말 재미없어.'라고 생각하는 친구들이 있나요? 그렇다면 걱정하지 마세요. 매일 조금씩 줄넘기와 훌라후프 횟수를 늘려가고 일지에 기록하다 보면, 어느새 주인공들처럼 실력이 늘고 운동에 자신감을 느끼는 자신을 발견할 수 있을 테니까요.

지은이 **권자경**

# 차례

### 제1장
## 게임보다 재미있는 줄넘기

스스로 세우는 목표: **줄넘기 방법 익히기**

### 제2장
## 뱃살공주는 싫어!

스스로 세우는 목표: **훌라후프 익히기**

### 제3장
## 소방관이 될래요.

스스로 세우는 목표: **놀이터 안전하게 이용하기**

제1장

# 게임보다 재미있는 줄넘기

스스로 세우는 목표
**줄넘기 방법 익히기**

"열하나, 열둘, 열셋!"

"지훈아, 아빠랑 등산 가자!"

"응? 지금? 지금은 안 돼. 레벨 올려야 한단 말이야. 바쁘니까 나중에 얘기해."

"오빠, 언제까지 혼자 컴퓨터 쓸 거야? 나도 컴퓨터 써야 한다고."

"야! 넌 오빠가 뭐 하는지 보이지도 않냐? 지금 급한 상황이잖아. 넌 나중에 써!"

지훈이는 아빠와 동생의 말을 듣는 둥 마는 둥 게임에만 몰두했어요. 결국, 보다 못한 엄마가 나섰지요.

"공지훈! 게임은 하루에 한 시간씩만 하겠다고 엄마랑 약속했잖아! 방학 숙제는 다 했어?"

지훈이는 방학 숙제란 말에 선생님의 무서운 얼굴이 번뜩 떠올랐어요. 며칠 후면 개학인데 아직 숙제를 끝내지 못했거든요. 방학 동안 체육 시간에 배운 줄넘기를 연습하고 줄넘기 일지를 쓰는 것이 숙제예요. 지훈이는 온갖 인상을 쓰며 마지못해 컴퓨터를 끄고 줄넘기 일지를 펼쳤어요.

### <줄넘기 일지>

| 날짜 | 종목 | 횟수 | 소감 |
|---|---|---|---|
| 첫째 날 | 양발 모아 뛰기 | 30번 | 줄넘기는 참 쉽고 재미있다. |
| 둘째 날 | 한 발 뛰기 | 20번 | 나는 줄넘기 달인~~~!! |

지훈이의 줄넘기 일지는 순식간에 온갖 허풍으로 채워졌어요. 방학 내내 줄넘기 근처에 간 적도 없었으면서 열심히 연습했다고 썼지요.

'게임 일지라면 매일 쓸 수 있을 텐데……. 줄넘기는 재미없고 시시해!'

지훈이는 밀린 줄넘기 일지를 30분 만에 다 쓰고는 다시 컴퓨터를 켰어요.

드디어 개학하는 날이에요. 오랜만에 학교에 간 지훈이는 친구들을 만나자마자 게임 이야기에만 열을 올렸어요.

"난 게임 레벨 엄청나게 올렸지롱~. 벌써 280레벨이야!"

골목대장 재헌이와 공부벌레 태석이도 게임 세상에선 지훈이보다 한 수 아래였어요. 친구들은 지훈이의 엄청난 게임 레벨 점수를 듣고 부러운 눈으로 쳐다보았어요. 지훈이는 수업 시간에도 게임 생각을 하느라 선생님 말씀에 집중할 수 없었지요.

수업이 끝나자마자 지훈이는 후다닥 가방을 챙겼어요. 빨리 집에 가서 게임을 하고 싶은 마음이 굴뚝같았으니까요. 그때 재헌이가 지훈이를 불렀어요.

"지훈아, 축구시합 하러 가자!"

"어? 축구?"

지훈이는 선뜻 대답하지 못했어요. 땡볕 아래에서 뛸 생각만 해도 숨이 턱턱 막히는 느낌이었거든요.

지훈이는 재헌이에게 빨리 학원 가야 한다며 얼버무리고 교실을 빠져나가려는데, 이번엔 선생님이 지훈이를 부르셨어요. 지훈이는 벼락치기로 숙제한 걸 선생님이 눈치채신 것 같아 마음이 뜨끔했지요. 그런데 선생님은 재헌이와 반장 선영이도 함께 부르셨어요.

'재헌이도 벼락치기 했나? 선영이는 그럴 리가 없고. 무슨 일이지?'

역시나 선생님 손에는 줄넘기 일지가 있었어요.

"너희 세 명이 줄넘기 숙제를 가장 열심히 했더라!"

선생님은 몇 주 후에 열리는 교내 줄넘기 대회에 선영이와 재헌이 그리고 지훈이가 반 대표로 나가면 좋겠다고 말씀하셨어요. 그제야 지훈이는 무턱대고 줄넘기 횟수를 많이 썼던 걸 후회했어요.

"방학 때 연습한 대로만 한다면 지훈이는 상도 받을 수 있겠는데?"

선생님 말씀에 지훈이는 아무 말도 할 수 없었어요. 거짓말로 쓴 숙제 때문에 꼼짝없이 줄넘기 대회에 나가게 되었으니까요.

반 대표로 뽑힌 세 사람은 학교가 끝나면 매일 30분씩 연습하자고 약속했어요.

드디어 친구들과 함께 연습하기로 한 첫날, 지훈이는 얼굴을 잔뜩 찌푸린 채 운동장으로 나갔어요. 억지로 줄넘기를 하게 생겼으니 기분이 좋을 리 없었지요.

선영이와 재헌이는 지훈이보다 먼저 스트레칭을 하고 있었는데, 지훈이는 그 모습을 멀뚱히 바라보았어요. 지훈이가 가만히 서 있자 선영이가 물었어요.

"지훈아, 준비운동 안 해?"

"무슨 준비운동?"

"줄넘기하기 전에 준비운동을 해야지."

"줄넘기하는데 준비운동까지 해?"

"응? 체육 시간에 배웠잖아!"

  줄넘기하기 전에 잠깐!

### 준비운동부터 하세요.

줄넘기 운동은 온몸을 쓰는 운동이기 때문에, 짧은 시간에만 집중해서 운동해도 운동량이 엄청나게 큽니다. 그래서 줄넘기 운동을 할 때 많이 쓰는 허리, 어깨, 팔, 무릎, 발목, 손목 등은 스트레칭이나 준비운동을 먼저 해야 해요.

운동한 후에는 정리운동을 해서 움직였던 근육들을 잘 풀어주고 몸에 피로가 남지 않도록 하세요.

(출처 : 사단법인 대한줄넘기협회 한국줄넘기교육원 http://www.jumprope.co.kr/room/basic_info.asp#7)

### 줄넘기의 기본자세를 살펴볼까요?

1. 줄넘기 줄을 발로 밟고 가볍게 당겼을 때, 줄넘기 손잡이를 잡은 손은 내 허리 근처에 오는 것이 좋아요.
2. 눈은 앞을 보고, 허리는 편 채 몸은 앞으로 약간 굽혀 주세요.
3. 팔꿈치는 옆구리에 붙이세요.
4. 위 자세로 손목을 이용해 줄을 돌리세요.
5. 줄을 넘어 땅에서 발을 뗄 때, 점프 동작은 가볍게 하세요. 줄넘기 줄이 발과 땅 사이를 스치듯 넘어가는 것이 좋아요.

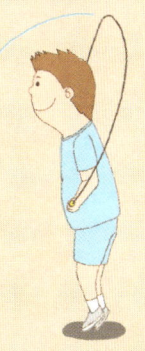

(출처 : 사단법인 대한줄넘기연맹 http://www.kjf.or.kr/)

지훈이는 체육 수업 시간에 제대로 듣지 않아 기억나는 것이 없었어요.

"준비운동은 끝났으니 양발 모아 뛰기부터 하자."

"좋아!"

재헌이와 선영이가 잘 맞는 모습을 보자, 지훈이는 샘이 났어요. 그깟 양발 모아 뛰기 따위는 쉽게 할 수 있겠다는 생각이 들었거든요.

"얘들아, 20번은 너무 쉬우니까 40번 하자! 대회 나가려면 그 정도는 해야지."

지훈이는 친구들에게 큰소리치며 줄넘기 줄을 세차게 돌렸어요. 하지만 번번이 발에 줄이 걸리고 말았어요. 답답하고 창피한 마음에 게임 속 아바타라도 대신 데려다 놓고 싶은 심정이었어요. 그래서 지훈이는 핑계를 댔어요.

"얘들아, 나 먼저 가봐야 할 것 같아."

"연습 시작한 지 얼마 되지도 않았잖아."

"무슨 일 있니?"

"학원가는 날인데 잊어버렸어. 먼저 갈게."

지훈이는 친구들을 뒤로하고 허겁지겁 집으로 달려갔어요. 그리고 집에 도착하자마자 줄넘기를 들고 집 앞 놀이터로 나갔어요. 이대로 줄넘기 대회에 나갔다간 망신당할 게 뻔했기 때문이에요. 조금이라도 빨리 연습할 생각에 힘차게 줄을 돌리는 순간이었어요.

"아아아악!!"

지훈이는 마음이 앞서다 보니 발이 꼬여 앞으로 '쾅당' 넘어졌어요. 무릎이 까지고 살짝 피가 비치니까 눈물이 금방이라도 쏟아질 것 같았어요. 괜히 분하기도 했고요.

'아무래도 안 되겠다. 그냥 내일 선생님께 다리 다쳤다고 말씀드릴래. 줄넘기는 그만하고 게임이나 하자.'

지훈이는 편하게 생각하기로 했어요. 지훈이의 그런 모습을 누군가 보고 있으리라곤 꿈에도 생각하지 못했으니까요.


선영이는 줄넘기 연습을 마치고 집에 가는 길에 지훈이가 혼자 연습하고 있는 모습이 이상하게 생각되어 한참을 지켜보았지요. 학원에 간다고 먼저 간 지훈이가 혼자 줄넘기 연습하는 모습을 보며 크게 속은 기분이 들었어요. 하지만 일단은 지훈이를 지켜보기로 했어요.

다음 날, 지훈이는 홀가분한 마음으로 학교에 갔어요. 교실 문을 열자마자 친구들이 지훈이에게 모여들었어요.
"줄넘기 대회에 반 대표로 나간다며? 방학 동안 게임만 한 줄 알았더니……."
"네가 나가면 무조건 1등이라는데?"

이미 친구들 사이에선 지훈이가 줄넘기 대회에 나간다는 소식이 퍼졌어요. 그때 선영이가 조용히 다가왔어요.

"지훈아, 나랑 잠깐 얘기 좀 해!"

두 사람은 친구들을 피해 조용한 곳으로 갔어요.

"어제 학원에 갔었니?"

"당연하지! 왜?"

"학원 간다는 애가 왜 혼자 놀이터에서 연습했어?"

"어떻게 알았어?"

"놀이터에서 혼자 연습하는 거 봤어. 줄을 몇 번 넘지도 못하던데 어떻게 된 거야?"

지훈이는 얼굴이 화끈거렸어요.

"사실은……."

"줄넘기 일지 거짓말로 쓴 거지?"

"응."

"거짓말로 뽑힌 반 대표가 줄넘기 대회에 나갈 순 없어. 지금이라도 선생님께 솔직하게 말씀드려."

선영이의 쌀쌀맞은 모습에 놀란 지훈이는 그러겠다고 대답했어요. 하지만 선생님께 솔직히 말씀 드릴 용기가 없었어요. 선영이에게 어제 줄넘기 연습하다 다리를 다쳤다고 말하면 자신을 또 거짓말쟁이로 생각할 것 같아 무서웠지요. 혹시 선영이가 반 친구들에게 "지훈이는 거짓말쟁이래."라고 소문을 내지는 않을까 걱정되기도 했고요.

이러지 못하고 저러지도 못하고 있는데 또 줄넘기 연습시간이 되었어요.

"선생님께 말씀드렸어?"

선영이가 쏘아보며 물었어요.

"아니, 아직. 그냥 줄넘기 대회 나갈래. 대회 때까지 열심히 연습하면 되잖아. 게임 레벨 올리기에 비하면 식은 죽 먹기겠지."

"누가 게임보다 쉽다고 그러니? 네가 줄넘기 연습을 열심히 했다고 거짓말로 일지 쓸 때, 우린 방학인데도 쉬지 않고 연습했단 말이야!"

"줄넘기 잘하는 법 알려주면 내가 두 배로 열심히 할게. 대신, 내가 게임 레벨 올리는 법 알려주면 되잖아. 응?"

선영이와 지훈이의 대화를 듣고서야 뒤늦게 사실을 알게 된 재헌이는 지훈이의 제안에 귀가 솔깃했어요. 하지만 선영이는 여전히 지훈이를 믿을 수가 없다는 듯 의심하는 눈치였지요.

"내가 오늘부터 거짓말하지 않고 줄넘기 일지 쓸게. 딱 일주일만 봐줘. 응? 그때 가서도 거짓말 같으면 선생님께 솔직히 말씀드려도 돼."

"알았어. 딱 일주일이야!"

선영이는 고자질쟁이가 되기 싫어 지훈이를 한 번 믿어보기로 했어요. 지훈이는 선영이에게 줄넘기 기본자세부터 배웠어요. 방학 내내 컴퓨터 앞에만 앉아 있었기 때문인지 조금 뛰었을 뿐인데도 숨이 찼어요. 하지만 집으로 돌아와 줄넘기 일지를 쓸 땐, 예전에는 느끼지 못했던 뭔가가 느껴지는 것 같아 뿌듯했어요.

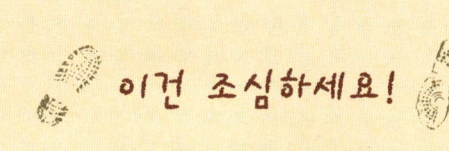
## 이건 조심하세요!

### 몸이 좋지 않을 때는 쉬세요.

감기에 걸렸거나 몸에 열이 날 때 또는 몸 상태가 좋지 않을 때에는 억지로 참으며 운동하지 말고 푹 쉬는 것이 좋아요. 몸이 아픈데도 무리해서 운동하면 오히려 병이 커질 수 있거든요.

### 배가 고플 때엔 밥을 먹어야 해요.

배가 고플 때에는 운동하지 않는 것이 좋아요. 특히, 다이어트를 하겠다고 밥을 굶어가며 운동을 해도 실제로는 다이어트 효과가 없어요. 배고픔을 참으면서 운동을 하면, 운동을 끝까지 하지 못하고 도중에 그만둘 때가 많기 때문이에요. 그래서 식사를 하고 소화를 시킨 다음에 운동하는 것이 좋아요.

### 운동은 소화가 다 되면 그때 하세요.

식사하고 바로 운동하는 것은 건강에 좋지 않아요. 우리 몸은 음식물을 소화하는데 최소 1시간 이상이 걸리기 때문이에요. 그래서 운동하려면 식사를 하고서 최소 1시간 후에 운동하는 것이 좋아요.

(출처 : 사단법인 대한줄넘기연맹 http://www.kjf.or.kr/)

　며칠 뒤, 선생님은 학교가 끝난 후 세 사람이 연습하고 있는 곳으로 찾아오셨어요.
　"얘들아, 열심히 하고 있니?"
　"네. 지훈이가 두 배로 열심히 하고 있거든요."
　재헌이가 비꼬듯 대답했어요. 지훈이는 선영이와 재헌이가 선생님께 사실대로 말할까 봐 가슴이 조마조마했어요.
　"평소에 열심히 했으니 좋은 결과가 있을 거야. 마지막까지 열심히 연습하렴."

지훈이는 선생님께서 돌아가시고 나서야 겨우 마음을 놓을 수 있었어요.

"얘들아, 선생님께 비밀로 해줘서 고마워."

"고자질쟁이가 되기 싫어서 말 안 한 거야!"

선영이는 여전히 지훈이를 믿지 못하겠다는 투로 퉁명스럽게 대답했어요.

##  줄넘기할 때 조심하세요.

**1** 줄넘기는 손목의 힘을 이용하는 운동이어서 운동하기 전에 충분하게 스트레칭을 하지 않거나 손목의 힘으로만 줄을 돌리면, 손목이 아플 수 있어요.

**2** 줄을 넘을 때, 발이 땅에서 떨어지는 높이가 높을수록 발바닥에 전해지는 충격이 커져 무릎이 아플 수 있어요. 그래서 쿠션 있는 신발을 신거나 바닥에 쿠션을 깔고 줄넘기를 하면 관절을 보호할 수 있어요.

**3** 줄넘기할 때 시선은 정면을 바라보고, 상체는 약간 앞으로 기울인 자세가 좋아요. 줄을 넘을 때는 땅과 발 사이가 1센티미터 정도 높이가 되게 살짝 점프하고, 착지할 때는 무릎과 발목에 힘을 빼고 발끝부터 내딛는 것이 좋아요.

(출처 : 쿠키뉴스 http://news.kukinews.com/article/view.asp?page=1&gCode=cul&arcid=0007878195&cp=du)

지훈이는 선영이에게 줄넘기하는 모습을 보여주고 싶었어요. 그래서 빨리 연습하려고 신발을 대충 신고 나갔어요.

'내일은 친구들 앞에서 꼭 멋진 모습을 보여줘야지!'

다음 날이 되자, 지훈이는 반 친구들을 향해 외쳤어요.

"애들아, 난 번갈아 뛰기도 할 수 있어!"

지훈이는 친구들을 향해 보란 듯이 줄넘기 줄을 크게 돌리고는 한 발을 들고 껑충 뛰었어요. 하지만 한 바퀴도 제대로 돌리지 못하고 앞으로 고꾸라졌어요.

"지훈아, 괜찮아?"

"발이 좀 부은 것 같은데?"

지훈이는 아픈 발은 둘째 치고 친구들 앞에서 넘어진 게 너무 부끄러웠어요.

"어제 열심히 연습했는데……. 너희가 나랑 대회 나가기 싫어할까 봐……."

그 말을 들은 선영이는 그동안 지훈이를 무시해서 미안하다는 생각이 들었어요.

"나도 처음엔 번갈아 뛰기를 성공하기 어려웠어. 줄넘기 대회는 아직 일주일 남았으니까 열심히 연습하자."

"야, 어제 열심히 연습했다며? 다음에 더 잘하면 되지 뭘 이런 걸로 그러냐? 빨리 일어나!"

선영이와 재헌이 말에 잔뜩 울상이던 지훈이의 표정이 밝아졌어요.

"나랑 같이 대회 나가는 거야?"

"그래! 재헌이 너도 괜찮지?"

재헌이가 기다렸다는 듯 대답했어요.

"당연하지! 대신, 저번에 약속한 것 지켜! 대회 끝나면 꼭 게임 레벨 올리는 법 알려줘야 해!"

"그걸 말이라고 하냐? 약속 지킬 테니 걱정하지 마셔!"

지훈이는 신기하게도 줄넘기 연습을 하면 할수록 게임을 하는 시간이 줄었어요. 매일 줄넘기 연습을 하다 보니 줄넘기 줄을 넘는 횟수가 늘고, 새로운 줄넘기 방법을 배우는 게 게임 레벨 올리는 것처럼 느껴졌어요. 텔레비전에서 보았던

##  줄넘기 잡는 방법

비닐로 만든 줄은 다양한 줄넘기 동작을 하기에 좋아요. 줄이 굵으면 무거워서 여러 줄넘기 동작을 하기가 어렵거든요.
예전에는 단체 줄넘기를 할 때 주로 밧줄을 이용했지만, 요즘은 가벼운 소재로 만든 줄로 해요.

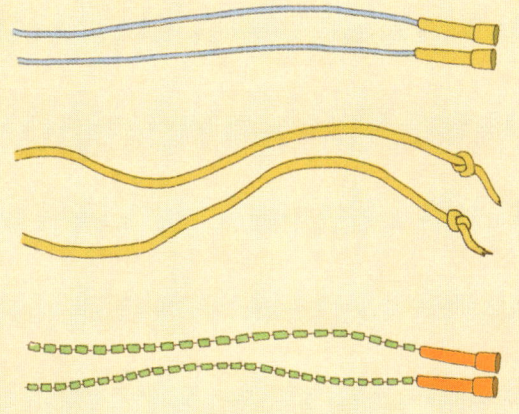

손잡이는 줄과 손잡이를 연결한 부분이 잘 돌아가는지 살펴봐야 해요. 손잡이를 잡는 방법은 손잡이 뒷부분을 감싸듯 잡고, 엄지손가락으로 손잡이 윗부분을 가볍게 누르세요. 그 상태에서 손목으로 돌리면 줄이 잘 돌아가요.

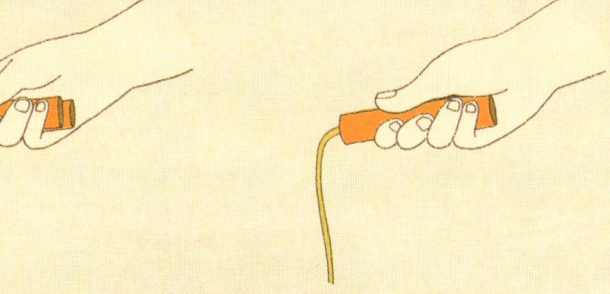

(출처 : 사단법인 대한줄넘기협회한국줄넘기교육원 http://www.jumprope.co.kr/room/basic_info.asp)

권투 선수가 된 것 같았어요. 권투 선수가 가볍게 줄 넘는 모습을 보고 멋있다는 생각을 한 적이 있거든요.

드디어 대회 날 아침이 되었어요.
"2학년 5반 대표! 공지훈, 김선영, 최재헌!"

지훈이는 자기 이름이 불리자 그동안 열심히 연습했던 것 같아 마음이 뿌듯했어요.

"지훈아~ 선영아~ 재헌아~ 힘내라!"

"2학년 5반 파이팅!"

"우리 반이 이긴다!"

세 사람은 반 친구들의 응원을 받으며 대회장에 나란히 섰어요. 다른 반 친구들도 서로 자기 반 친구들을 응원하느라 운동장이 온통 난리법석이었지요.

"휘익~~~~~~!"

호루라기 소리가 끝나자마자 줄넘기 대회가 시작되었어요.

줄넘기 대회 경기 규칙은 모든 동작을 정해진 횟수만큼 넘으면 '줄넘기 왕'으로 뽑히는 거예요.

양발 모아 뛰기는 참가자 모두 쉽게 통과했어요. 하지만 한 발 뛰기 단계로 넘어가자, 팔을 넓게 벌리거나 다리를 궁둥이까지 닿게 하는 등 잘못된 자세를 가진 친구들이 우르르 떨어졌어요. 그런데 탈락한 친구들 사이에 아쉬운 표정을 하고 서 있는 재헌이가 보였어요.

"재헌아, 떨어진 거야?"
"응. 너희라도 꼭 결승까지 올라가!"

지훈이와 선영이는 재헌이 몫까지 열심히 줄넘기를 했어요. 특히 지훈이는 재헌이에게 결승까지 올라간 자신의 모습을 꼭 보여주고 싶었어요. 지훈이와 선영이는 많은 친구를 제치고 3단계까지 진출하게 되었어요. 경기가 막바지로 접어들자 반마다 응원 열기는 더 치열하고 더 뜨거웠어요.

"하나, 둘, 셋, 넷……."

 두 사람이 줄을 넘을 때마다 반 친구들도 큰 목소리로 세었어요.
 "열여섯, 열일곱, 열여덟, 아!"
 조마조마한 표정으로 바라보던 친구들의 아쉬워하는 목소리가 쏟아졌어요. 지훈이가 줄을 밟았거든요. 하지만 친구들은 지훈이에게 큰 박수를 보내주었어요. 비록, 떨어졌지만 최선을 다해 마지막까지 열심히 했으니까요.

어느새 경기는 마지막 단계에 이르렀어요. 선영이는 당당히 마지막 단계인 엇갈려 뛰기까지 왔어요. 여기까지 온 친구는 많지 않았어요. 지훈이는 친구들과 함께 목청껏 선영이를 응원했어요.

"하나, 둘……. 열여덟, 열아홉, 스물! 와!!!"

선영이가 마지막 단계를 통과하자 친구들은 환호성을 지르고 선영이 이름을 크게 외쳤어요. 지훈이는 자신도 모르게 대회장으로 뛰쳐나가 선영이를 얼싸 안았어요.

"선영아, 축하해! 정말 대단하다!"

"지훈아, 고마워!"

"아니야, 내가 고마워! 나를 도와준 건 너잖아."

"네가 매일 연습 안 했으면 나도 연습을 안 했을 거야."

선영이는 줄넘기 대회에서 1등을 한 것보다 줄넘기 대회를 준비하면서 지훈이와 좋은 친구가 된 것이 더 기뻤어요.

선영이와 지훈이가 서로를 칭찬하고 있을 때, 재헌이가 끼어들었어요.

"야, 공지훈! 나는 안 고맙냐? 왜 선영이에게만 고맙다고 하냐? 약속대로 게임 레벨 올리는 법 알려줘!"

재헌이는 장난스러운 표정으로 지훈이를 놀렸어요.

"약속 지킬게, 재헌아. 난 이제 게임보다 더 재미있는 걸 알아냈어. 내년엔 내가 꼭 우승할 거야!"

지훈이는 자신만만한 표정으로 줄넘기 줄을 들어 보였어요.

"내년엔 나도 대회 우승 후보다! 공지훈, 덤벼!"

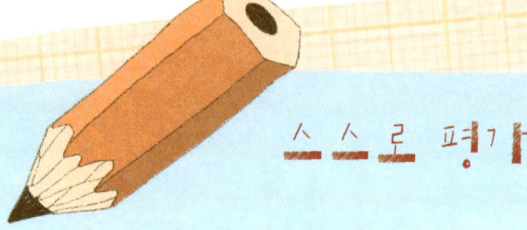

## 스스로 평가

- 준비운동을 했나요?     네    아니오
- 줄넘기 길이를 내 몸에 맞게 조절했나요?     네    아니오
- 줄넘기의 기본자세를 제대로 알고 있나요?     네    아니오

---

- 양발 모아 뛰기 동작을 할 수 있나요?     네    아니오

---

- 줄을 돌릴 때 손목으로 돌렸나요?     네    아니오
- 착지할 때 무릎과 발목에 힘을 뺐나요?     네    아니오

---

- 포기하지 않고 최선을 다해 줄넘기를 했나요?     네    아니오
- 즐거운 마음으로 했나요?     네    아니오

---

- 정리운동을 했나요?     네    아니오
- 줄넘기를 하고서 줄넘기를 잘 정리해 놓았나요?     네    아니오

# 제2장
# 뱃살공주는 싫어!

스스로 세우는 목표
**훌라후프 익히기**

"훌라후프 잘하는 방법이 없을까?"

"공주야, 밥 먹자!"

"뱃살공주! 엄마가 밥 먹으러 나오래."

지훈이의 여동생 주희에겐 별명이 두 개 있어요. 동생 이름이 '공주희'여서 엄마와 아빠는 마지막 '희' 자를 빼고 '공

주'라고 불렀지요. 그럴 때마다 지훈이는 꼬박꼬박 여동생을 '뱃살공주'라고 놀렸어요.

"또 동생 놀렸지?
"배 나온 공주 있으면 나와 보라고 해!"
"뱃살공주라고 부르지 마!"
평소 오빠의 놀림을 참고 넘기던 주희가 오늘은 버럭 화를 냈어요.

"네가 뱃살공주지 백설공주냐?"

"밥 안 먹을래!"

주희는 문을 '쾅' 닫고 방에 들어가 크게 소리 내며 울기 시작했어요. 오빠가 사과하고 엄마가 달래주었지만 아무 소용이 없었어요.

한참을 울고 나서야 주희는 간신히 울음을 그쳤어요. 하지만 울다 보니 낮에 있었던 일이 자꾸 떠올라 또 울음이 나올 것 같았어요. 지금까지 주희와 짝꿍이었던 성종이가 다른 친구와 짝꿍이 되었거든요. 그래서 주희는 오빠의 놀림보다도 짝꿍이 바뀐 게 훨씬 속상했어요.

"그동안 잘 지냈나요? 오늘부터 새 학기 시작이에요. 새 학기 새 마음으로 자리를 옮겨서 수업하도록 해요."

"난 이제 지우개 누구에게 빌리냐?"

"몰라. 이제부터 지우개 좀 가지고 다녀."

주희도 짝꿍이 바뀌는 게 아쉬웠어요.

성종이의 새 짝꿍은 혜란이가 되었어요. 혜란이는 예쁘고 날씬해서 친구들에게 인기가 많지요. 평소에도 주희는 예쁜 혜란이를 많이 부러워했어요.

주희는 입을 삐죽 내밀고 성종이와 혜란이를 힐끔힐끔 쳐다보았어요. 하지만 성종이는 주희의 마음을 모르는지 혜란이와 벌써 친해진 것 같았어요.

'나랑 짝이었을 때는 잘 웃지도 않더니……. 흥!'

주희는 온종일 성종이와 혜란이에게만 눈길이 갔어요.

주희는 성종이와 헤어져서 기분이 좋지 않은데 오빠가 자꾸 별명을 부르니 참았던 서러움이 폭발한 것이죠.

다음 날 아침, 주희는 퉁퉁 부은 눈으로 학교에 갔어요. 하지만 성종이와 눈이라도 마주칠까 봐 고개를 들지 못한 채 혜란이와 성종이를 힐끔힐끔 쳐다보았어요.

쉬는 시간이 되자 혜란이 주변으로 친구들이 모였어요.

"혜란아, 이거 하면 정말 살 빠진대?"
"응. 어떤 가수가 TV에 나와서 그랬어. 그래서 자기는 매일 30분씩 한대!"

평소 혜란이는 예쁘고 날씬한 연예인들을 부러워하며 자기도 연예인처럼 날씬해지고 싶다고 했어요.
'뭘 10분씩 한다는 거지?'

주희가 귀를 쫑긋하면서 엿듣고 있을 때 혜란이는 친구들과 운동장으로 나갔어요. 주희는 궁금한 마음에 슬쩍 창밖을 내다보았어요. 혜란이는 친구들과 훌라후프를 돌리고 있었어요. 평소, 살찐다며 밥을 깨작깨작 먹는 혜란이가 주희 눈에는 새침데기 같아 가까이 지내기가 싫었지요. 하지만 훌라후프를 매끄럽게 돌리는 주희의 가는 허리를 보니 부러운 마음이 드는 건 어쩔 수가 없었어요.

##  훌라후프 운동 효과를 보려면?

훌라후프는 복잡한 기구 없이 간단하게 할 수 있는 유산소 운동 중 하나로, 훌라후프를 돌리기 전에 스트레칭을 해주면 좋아요. 온몸을 부드럽게 만든 상태에서 일주일에 5일씩, 한 번 할 때마다 100회 이상 땀이 날 정도로 해야 운동 효과가 있거든요.

훌라후프는 오른쪽으로 50번 돌렸으면 왼쪽으로도 50번을 돌려주세요. 한 방향으로만 돌리지 말고 양쪽으로 똑같은 횟수만큼 돌려줘야 해요. 이렇게 훌라후프를 꾸준히 돌리면 허리가 가늘어지고 장 마사지 효과가 있어요.

* 유산소 운동 : 지방을 이용해 몸 안에 있는 불필요한 물질을 내보내는 운동.

(출처: e뉴스 24 http://enews24.interest.me/news/article.asp?nsID=345810)

"주희야, 화 풀렸어?"

지훈이는 집에 돌아온 주희 눈치를 살피며 조심스레 말을 걸었어요.

"내 이름 부르지 마!"

"치……. 아직도 화 안 풀렸냐?"

주희는 여전히 오빠에게 잔뜩 뿔이 난 상태였어요. 지훈이는 비장의 무기라도 되는 듯 뭔가를 불쑥 내밀었어요. 돼지 저금통이었죠.

"이걸로 네가 좋아하는 아이스크림 사줄게. 이제 그만 화 풀어."

"오늘부터 아이스크림 안 먹을 거야!"

"진짜지? 그럼 나 혼자 먹는다!"

"아이스크림 말고 다른 거 사줘."

"뭐?"

주희는 아이스크림 대신 무얼 사달라고 할지 궁금해 죽겠다는 표정을 짓는 오빠를 앞세워 문구점으로 갔어요. 그러더니 훌라후프를 이것저것 몸에 대보고는 마음에 드는 것을 골랐어요.

"이거 사줘."

"정말 아이스크림 안 먹고 훌라후프 살 거야?"

"응!"

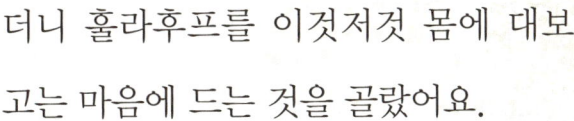

지훈이는 주희가 아이스크림을 마다하고 훌라후프를 사 달라는 게 의아했어요. 하지만 훌라후프를 손에 든 주희의 표정은 아이스크림을 먹을 때만큼이나 행복해 보였어요.

"이제 화 푸는 거다!"

"알았어! 대신, 또 놀리면 안 돼!"

"그래, 약속! 그런데 훌라후프는 왜 샀니?"

"오늘부터 연습하려고."

주희는 훌라후프를 사자 조바심이 생겼어요. 혜란이보다 잘 돌리고 싶고, 혜란이보다 더 날씬해지고 싶었으니까요. 그래서 급한 마음에 있는 힘껏 훌라후프를 돌렸어요.

우당탕탕!

주희는 깜짝 놀라 주위를 둘러보았어요. 책상 위에 물건들이 훌라후프에 부딪혀 사방에 떨어졌어요. 작은 액자도 깨졌고요. 막상 훌라후프는 한 바퀴도 돌리지 못하고 방만 엉망으로 만들어 버린 거예요. 주방에 계시던 엄마는 주희 방에서 나는 소리를 듣고 달려오셨어요.

"방에서 훌라후프를 돌리면 어떡하니? 훌라후프는 어디서 났어?"

"오빠가 사줬어."

"훌라후프는 내일 학교 가서 연습하고, 어서 나와. 저녁 먹을 시간 다 됐어."

"밥 안 먹을래."

"왜?"

"입맛 없어서……."

"그래도 조금만 먹자. 주희가 좋아하는 불고기 반찬 해놨어. 식기 전에 얼른 먹어."

주희는 불고기 반찬을 해놨다는 엄마의 말에 젓가락을 들었어요. 하지만 또 오빠에게 뱃살공주라고 불릴까 봐 맘껏 먹을 수가 없었어요. 그래서 평소보다 저녁을 조금 먹고 일찍 침대에 누웠어요. 이불을 덮고 누웠는데 잠은 오지 않고, 뱃속에선 꼬르륵 소리가 났어요. 천장에는 맘껏 먹지 못한 불고기가 떠다녔고요.

오늘은 주말 아침이에요. 하지만 주희는 배가 고파서 일찍 눈을 떴어요. 역시나 어제처럼 아침밥도 깨작깨작 먹는 둥 마는 둥 하고는 훌라후프를 들고 집 근처 공원으로 갔어요. 오늘은 꼭 성공하겠다는 마음으로 훌라후프를 돌렸어요. 하지만 훌라후프는 번번이 바닥으로 떨어졌어요.

'그만할까?'

주희는 포기하고 싶은 마음이 굴뚝같았어요. 그래서 집에 갈까 말까 고민하고 있었지요.

"주희야, 거기서 뭐 해?"

성종이었어요. 성종이는 자전거를 주희 옆에 세웠어요.

"훌라후프 연습하는구나!"

"응. 넌 어디 가니?"

"나는 주말마다 여기서 자전거 타거든."

주희는 이른 아침에 성종이와 마주치자 당황스러우면서도 반가웠어요.

"훌라후프 잘 돌리니?"

"아니. 오늘 처음 하는 거야. 넌 자전거 잘 타는구나!"

"나도 처음에 자전거 못탔어. 그런데 계속 타다 보니 어느 날 자전거가 앞으로 나가는 거야. 너도 연습하다 보면 금방 잘할 수 있어. 힘내!"

"응. 파이팅!"

주희는 성종이의 응원에 다시 훌라후프를 돌렸어요. 하지만 훌라후프는 허리에서 몇 바퀴 돌다 바닥에 툭 떨어졌어요. 떨어진 훌라후프를 주우려고 앉았다 일어나기를 반복하다 보니 훌라후프를 돌린 것만큼이나 힘들었어요.

'성종이에게 날씬해진 모습을 꼭 보여주고 싶은데…….'

주희는 마음과 달리 숨이 가빠서 앉은 자리에서 쉽게 일어나지 못했어요. 이대로 집으로 돌아가고 싶은 마음이 굴뚝같았지만, 힘내라며 응원해줬던 성종이 목소리가 떠올라 몇 번만 더 연습하고서 집에 가야겠다고 결심했지요.

## 훌라후프를 할 때 기본자세

똑바로 선 채 다리를 30센티미터 정도 벌린 후, 훌라후프를 허리에서 가볍게 3~5회 돌리다 손으로 잡아 보세요. 훌라후프를 돌리다 잡는 것을 반복하면서 훌라후프 돌리는 횟수를 늘려가세요. 처음 돌릴 때 허리를 꼿꼿이 세우고 있으면 잘 돌아가지 않으니까 허리를 살짝(15도 정도) 숙이고 돌리세요.

(출처 : 부천시생활체육회 http://cafe.daum.net/bcs1991/Fgzu/14?q=%C8%C7%B6%F3%C8%C4%C7%C1%20%B1%E2%BA%BB%C0%DA%BC%BC)

이번에는 훌라후프를 서너 바퀴 돌리다 손으로 잡고, 서너 바퀴 돌리다 손으로 잡았어요. 그렇게 몇 번을 하다 보니, 훌라후프가 팽이처럼 허리에서 돌았어요. 주희는 기뻐서 '꺅-' 하고 소리를 질렀어요.

'드디어 성공! 월요일에 학교 가자마자 성공했다고 성종이에게 자랑해야지!'

집으로 가는 내내 주희 뱃속에선 밥 달라는 듯 꼬르륵 소리가 끊이지 않았어요. 밥을 제대로 먹지 않고 운동하느라 무리했더니 온몸에 힘이 하나도 없었지요.

집까지 가는 시간이 멀게 느껴졌어요. 겨우 집에 도착한 주희는 바로 주방으로 들어가 밥 두 그릇을 허겁지겁 먹었어요.

문제는 그날 저녁에 일어났어요. 식은땀이 나고 배가 살살 아프더니, 시간이 갈수록 누군가가 배를 콕콕 찌르는 것처럼 아팠어요. 아까 밥을 급히 먹어서 탈이 난 것 같았어요.

"엄마, 배 아파."

"주희야, 갑자기 왜 그래? 언제부터 아팠어? 어디가 아픈데?"

"여기가 너무 아파. 우앙~."

엄마는 식은땀을 흘리며 우는 주희를 뉘이고는 배를 살살 문질러 주셨어요.

"엄마 손은 약손~. 엄마 손은 약손~. 주희야, 좀 괜찮아?"

"응. 아까보다 나아졌어."

주희는 엄마가 배를 문질러주자 아픈 게 조금씩 가라앉는 것 같았어요.


약을 먹고 잠든 주희는 다음 날 점심 무렵에 간신히 눈을 떴어요. 엄마는 걱정스러운 눈으로 주희를 내려다보고 계셨지요.

"잘 잤니?"

"으응."

엄마는 주희 이마에 손을 얹고 얼굴을 살펴보시더니 잠시 한숨을 쉬셨어요.

"학교에서 무슨 일 있었니?"

"아니."

"오빠가 놀려서 그런 거야? 혹시 친구들이 놀렸니?"

"그런 거 아니야."

"엄마는 요즘 주희가 밥을 잘 먹지 않고 평소에 하지도 않던 운동을 매일 하는 게 이상했어. 그래도 지켜봤었는데, 아무래도 주희에게 무슨 일이 생긴 것 같다. 무슨 일인지 엄마에게 이야기해줄래?"

감았던 눈을 힘없이 뜨자 엄마와 눈이 마주쳤어요. 엄마는 걱정하는 얼굴이었어요. 그런 엄마 얼굴을 보니 주희는 눈물이 났어요. 다이어트 한다는 핑계로 밥을 굶으면서 운동하고, 제대로 훌라후프를 돌리지 못해 마음이 힘들었던 일까지 한꺼번에 떠올랐지요.

주희는 가라앉은 목소리로 간신히 말했어요.

"엄마, 난 뚱뚱하잖아."

"누가 우리 주희에게 뚱뚱하다고 그래? 주희는 통통한 볼살이 매력인데! 엄마 눈에는 우리 딸이 세상에서 제일 예뻐!"

엄마는 주희를 꽉 안아주시면서 등을 토닥토닥 두드려주셨어요. 주희는 성종이도 자신의 매력을 알아봐 줄까 궁금했어요. 이렇게 엄마를 마음아프게 하면서까지 혜란이를 따라 하는 건 자기에게 어울리지 않는다는 생각이 들었고요.

주희는 저녁밥을 남기지 않고 맛있게 다 먹었어요. 며칠

동안 주희를 힘들게 만든 훌라후프는 수납장 손잡이에 걸어 두었고요.

다음 날, 주희는 성종이에게 훌라후프 하는 모습을 보여 주려고 학교에 가져갔어요. 그런데 훌라후프를 보고 먼저 관심을 보인 사람은 혜란이었어요.
"주희야, 너도 훌라후프 할 줄 아니?"
"응. 왜?"
"오늘 오후에 훌라후프 시합하기로 했거든. 같이할래?"
"어떻게 하는 건데?"
수업이 끝나고 주희는 친구들과 함께 운동장으로 갔어요. 친구들이 다 모이자 혜란이가 시합 규칙을 설명했어요. 주희는 혜란이와 다른 팀이 되었어요. 운동장에 있던 다른 반 친구들도 구경하려고 모여들었어요. 그중에는 성종이도 있었지요. '왜 이렇게 가슴이 콩닥콩닥 뛰지?' 주희는 성종이가 지켜보는 게 느껴져 잔뜩 긴장됐어요.
"오늘 시합에서 진 팀이 아이스크림 사는 거야. 시~작!"

혜란이는 친구들에게 훌라후프 시합 벌칙을 설명했어요.
드디어 경기가 시작됐어요. 주희는 혼자 하던 훌라후프를 친구들과 함께하니 재미있었어요. 무엇보다 성종이에게 훌라후프 하는 모습을 보여줄 수 있어서 기뻤지요. 주희는 마지막까지 최선을 다했어요. 성종이가 보고 있었기 때문이었죠.

주희의 활약으로 주희네 팀이 훌라후프 경기에서 이기게 되었어요. 멀리서 지켜보던 성종이가 놀란 눈으로 주희에게 다가와 말을 걸었어요.
"주희야, 훌라후프 잘한다. 계속 연습 했었어?"

"응. 주말에 너 가고 나서도 한참 연습했어."

"네가 훌라후프 돌리는 거 보니까 나도 해보고 싶어. 이번 주말에 공원에서 가르쳐 줄래?"

"공짜는 안 돼. 아이스크림 사주면 가르쳐 줄게!"

"그래, 아이스크림 사줄게."

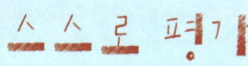

## 스스로 평가

- 훌라후프 하기에 적당한 옷을 입고 신발을 신었나요?   네   아니오

- 주변을 잘 살피고 훌라후프를 했나요?   네   아니오

- 밥을 잘 챙겨 먹고 소화한 후에 운동했나요?   네   아니오

- 준비운동을 했나요?   네   아니오

- 다리를 약간 벌리고 돌렸나요?   네   아니오

- 허리는 살짝 앞으로 숙이고 돌렸나요?   네   아니오

- 팔과 어깨를 흔들었나요?   네   아니오

- 한쪽으로만 훌라후프를 돌렸나요?   네   아니오

- 정리운동을 했나요?   네   아니오

- 운동 후 훌라후프를 잘 정리해 놓았나요?   네   아니오

# 제3장
# 소방관이 될래요.

스스로 세우는 목표
**놀이터 안전하게 이용하기**

"평소에 안전습관을 기르세요!"

 골목대장 재헌이의 꿈은 소방관이랍니다. 영화에 나오는 영웅처럼 위험에 빠진 사람들을 구하는 일은 아주 멋지다고 생각했거든요.

 "삐뽀~ 삐뽀~ 삐뽀~. 어서 피하세요!"
 재헌이는 학교가 끝나면 매일 놀이터에서 소방관 놀이를 했어요. 놀이 기구를 정신없이 오르내리는가 하면, 불을 끈다며 사방으로 모래를 뿌리고 다녔지요.
 "나랑 소방관 놀이할 사람 여기 여기 붙어라."

재헌이는 친구들만 보면 다짜고짜 소방관 놀이를 하자고 했어요. 하지만 친구들은 흙먼지 날리는 소방관 놀이가 하나도 재미없었어요. 그래서 이런저런 핑계를 대며 재헌이와 놀지 않았지요.

"어? 벌써 학원 갈 시간 다 됐네. 재헌아, 내일 보자!"

"아이고, 배야. 갑자기 왜 배가 아프지? 배탈 났나 봐."

재헌이는 친구들이 왜 자기와 놀지 않는지 이유를 모른 채 놀이터에 홀로 남았어요.

재미있는 소방관 놀이를 재헌이 혼자 하려니 심심했어요. 위험에 빠진 역할을 해줄 친구가 있어야 했거든요. 그때, 놀이터 쪽으로 걸어오는 반가운 사람을 발견했어요. 반장 선영이었어요.

"선영아, 바빠?"

"왜? 나, 집에 가는 중인데."

"나랑 소방관 놀이할래? 넌 저기 보이는 정글짐 가운데 서 있기만 하면 돼. 그럼 내가 가서 구해줄게."

선영이는 소방관 놀이하는 것을 한 번도 본 적이 없었어요. 그래서 얼떨결에 재헌이에게 이끌려 정글짐 안으로 들어갔어요.

"이제 "구해주세요!" 라고 외치면 돼!"

"구해주세요!"

"삐뽀~ 삐뽀~. 지금 출동합니다!"

선영이는 재헌이가 놀이터를 왔다 갔다 하며 정신없이

모래를 뿌리는 모습이 우스꽝스러웠어요. 하지만 곧 웃음이 싹 사라졌어요. 재헌이가 정글짐을 향해 모래를 뿌려댔거든요.

"재헌아, 그만 뿌려. 눈에 모래가 들어가잖아."

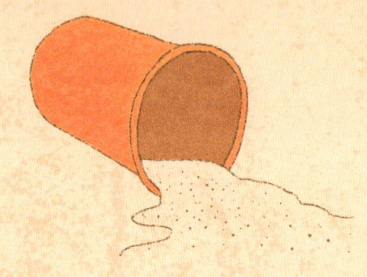

 하지만 재헌이는 소방관 놀이에 푹 빠져서 선영이의 말이 귀에 들어오지 않았어요. 그래서 한참 모래를 뿌리며 불 끄는 시늉을 하고는 정글짐 안에 있는 선영이를 향해 손을 내밀었어요.
 "이제 건물 밖으로 빠져나가야 해요. 어서 내 손을 잡으세요! 어서요!"
 선영이는 걱정됐어요. 재헌이 손을 잡고 정글짐을 빠져나가는 건 위험해 보였기 때문이에요.
 "나 혼자 갈 수 있어. 이제 소방관 놀이 그만할래."
 "혼자 나가는 건 위험해요. 어서 손을 잡으세요."

 재헌이는 고집불통이었어요. 선영이는 소방관 놀이를 빨리 끝내고 싶은 마음에 하는 수 없이 재헌이의 손을 잡았어

요. 두 사람은 아슬아슬하게 정글짐에서 내려갔어요. 재헌이는 한 손으로 선영이 손을 잡고, 한 손은 손등으로 땀을 닦아가며 정글짐을 천천히 내려가느라 몹시 힘들었어요.

"으악!"

재헌이는 손이 미끄러지면서 잡고 있던 선영이의 손을 놓쳤어요. 순식간에 선영이는 정글짐 아래로 떨어지고 말았어요.

"선영아, 괜찮아?"

재헌이는 후다닥 정글짐에서 내려와 선영이를 불렀어요. 하지만 선영이는 눈을 감은 채 말없이 바닥에 누워 있었어요. 재헌이는 선영이를 마구 흔들며 이름을 불렀지만, 여전히 선영이는 꼼짝도 하지 않았어요.

"선영아, 눈 좀 떠봐. 내가 잘못했어."

삐뽀~ 삐뽀~ 삐뽀~.

진짜 구급차가 놀이터에 나타났어요. 소방관 아저씨들은 얽히고설킨 정글짐에 들어가 선영이를 구조해 들것에 싣고 떠났어요. 재헌이는 세상에서 제일 존경하는 소방관 아저씨들이 눈앞에 있는데도 그 모습을 제대로 쳐다볼 수 없었어요. 뭔가 무서운 일이 벌어진 것만 같았거든요. 그리고 자기

때문에 선영이가 다쳤다는 생각에 미안해서 정신이 나간 채 멍하니 서 있었어요.

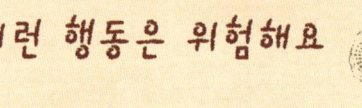

## 이런 행동은 위험해요

**1** 놀이 기구를 탈 때 목걸이를 하거나 치렁치렁한 바지, 끈이 달린 옷을 입으면 위험해요. 놀이 기구에 걸리면 크게 다칠 수 있으니까요.

**2** 친구에게 흙이나 돌을 던지지 마세요. 눈이나 머리에 맞을 수 있어요.

**3** 눈에 보이지 않는 유리나 금속에 발바닥이 찔릴 수 있으니 꼭 신발을 신고 놀이 기구를 타세요.

집으로 돌아온 재헌이는 엄마에게 크게 혼이 났어요. 엄마는 이미 놀이터에서 일어난 일을 알고 계셨거든요.

"엄마, 선영이가 많이 다쳤으면 어떡하지?"

"지금 병원에서 검사받고 있다니까 얌전하게 있어. 엄마가 저녁에 선영이 엄마랑 통화해 볼게. 넌 당장 방에 들어가 반성이나 해!"

재헌이는 선영이가 쓰러지던 모습이 생각나 눈물이 멈추지 않았어요. 그저 선영이가 무사하기를 기도했지요.

'선영이가 많이 아프지 않게 해주세요.'

재헌이가 안절부절못하고 있을 때, 거실에서 엄마 목소리가 들렸어요. 재헌이는 문에 귀를 대고 통화 내용을 엿들었어요. 엄마는 통화가 끝나자 재헌이를 부르셨어요.

"검사 결과가 나왔는데, 다리를 조금 다쳤대. 정글짐에서 떨어지면서 그랬나 보다. 한동안 병원 치료를 받아야 한다고 하고, 정글짐에서 떨어질 때 많이 놀랐을 테니 내일 학교 가면 선영이에게 꼭 사과해야 한다. 알았지?"

재헌이는 선영이가 많이 다치지 않았다는 소식에 간신히 마음을 놓을 수 있었어요. 하지만 여전히 자기 때문에 다쳤다는 생각에 미안해서 울고 싶었어요.

다음 날, 일찍 등교한 재헌이는 문만 쳐다보며 선영이가 오기를 기다렸어요. 벌써 학교에는 선영이의 사고 소식이 퍼졌지요. 그래서 재헌이를 보며 수군대는 친구들과 이상한 눈으로 쳐다보는 친구들도 있었어요.

항상 일찍 오던 선영이가 한참이 지나도 오지 않자, 재헌이는 복도로 나가보았어요. 복도 끝에 선영이가 걸어오는 모습이 보였어요. 한쪽 발목에 붕대를 감고 쩔뚝이면서 말이에요. 재헌이는 선영이에게 얼른 뛰어갔어요.
"선영아, 내가 책가방 들어줄게."
"괜찮아."
"나 때문에 많이 놀랐지? 진짜 미안해."
"얼른 들어가자. 수업 시작하겠어."

재헌이는 선영이가 많이 화난 것 같아서 안절부절못했어요. 어떻게든 선영이에게 미안한 마음을 전해서 예전처럼 잘 지내고 싶었으니까요. 그래서 선영이 눈치만 살피며 교실로 들어왔어요.

　　"자, 여러분. 내일은 무슨 날이죠?"

　　"소방서 체험학습 가는 날이요!"

　　선생님의 질문에 친구들이 모두 크게 대답했어요. 오랫동안 기다린 소방서 체험학습 가는 날이 바로 내일이니까요.

사실, 누구보다 이날을 제일 많이 기다린 사람은 재헌이었어요. 왜냐하면, 재헌이의 꿈을 소방관이니까요. 하지만 이제는 소방관 아저씨들을 보는 게 두려웠어요. 어제 놀이터에서 저지른 일 때문에 소방관 아저씨들에게 야단맞을까 봐 두려웠어요.

드디어 학교 수업이 끝났어요. 재헌이는 얼른 책가방을 챙겨 선영이 곁으로 갔어요.

"선영아, 내가 책가방 들어줄게."

"정말 괜찮다니까. 엄마가 데리러 오신댔어."

"그럼 운동장까지만이라도 들어줄게."

선영이는 재헌이의 고집을 꺾을 수가 없었어요. 그래서 하는 수없이 재헌이에게 책가방을 건넸어요. 재헌이는 쩔뚝대는 선영이 걸음에 맞춰 천천히 걸었어요.

"선영아, 내가 매일 책가방 들어줄게."

선영이는 아무 말이 없었어요. 하지만 재헌이는 내일도 모레도 선영이의 책가방을 들어줄 생각이었어요.

소방관 체험학습하는 날이 되었어요.

"선생님, 선영이가 아직 안 왔는데요?"

재헌이는 소방서로 떠날 시간이 되었는데도 선영이가 오지 않아 선생님께 여쭤보았어요.

"선영이는 치료받아야 해서 체험학습은 참여하지 않기로 했단다."

선생님의 말씀에 재헌이는 시무룩해졌어요. 자기 때문에 선영이가 체험학습을 가지 못하게 되었으니까요.

재헌이는 선생님과 친구들을 따라 무거운 마음으로 소방서로 떠났어요. 소방서에서 제일 먼저 본 것은 구급차였어요. 재헌이는 병원에 있을 선영이가 생각났어요. 그리고 자기를 기억하는 사람이 있을까 봐 친구들 속에 숨어 체험관으로 이동했어요. 그곳에는 불이 났을 때 대처하는 방법을 배우는 곳과 불을 끄는 장비들이 있었어요.

"소방관 아저씨들은 어떤 일을 할까요?"

"불 끄는 일이요."

"맞아요, 하지만 불 끄는 일 외에도 불이 나지 않게 예방하는 일도 해요. 또, 여러분이 위험할 때 도와주고요."

"여러분, 재미있는 놀이 기구일수록 조심해야 해요. 놀이 기구를 탈 때 장난치면 크게 다칠 수 있거든요."

소방관 아저씨가 놀이터에서 해서는 안 되는 행동들에 대해 설명하자, 재헌이의 얼굴이 빨개졌어요. 며칠 전까지만 해도 자신이 놀이터에서 하던 행동이었거든요.

재헌이는 소방관 아저씨의 설명을 들으면서 생활 속에서

일어날 수 있는 사고가 많다는 것을 알게 되었어요. 길을 건널 때나 엘리베이터를 탈 때 그리고 놀이터에서 놀 때도 사고가 날 수 있다는 것을 배우게 되었지요.

"이제 소화기 사용법에 대해 함께 배워요. 설명이 끝나면 마네킹을 이용해서 응급처치하는 법도 배울 거예요."
 소방관 아저씨의 설명이 끝나고 한 명씩 응급처치를 직접 해보았어요.
 드디어 재헌이 순서가 되었어요. 재헌이의 얼굴에는 진지함이 가득했지요.
 재헌이가 소화기를 들자, 친구들이 뒤에서 수군댔어요.
 "소화기도 모래처럼 뿌려대면 어떡하지?"
 "이러다 또 피해야 하는 거 아니야?"
 "재헌이 옆에 가지 마. 위험하니까."

 재헌이는 자기를 피하라는 친구들의 목소리가 들리자, 어디라도 숨고 싶었어요. 하지만 누구보다 더 잘하고 싶은 욕

심이 생겼지요.

　재헌이는 병원에서 치료받고 있을 선영이를 생각하며 힘껏 소화기를 쏘았어요.

　"참 잘했어요. 재헌이 친구에게 박수 쳐줄까요?"

재헌이는 소방관 아저씨의 칭찬에 진짜 소방대원이 된 것처럼 어깨가 으쓱해졌어요.

　모든 체험이 끝나자 소방관 아저씨는 재헌이네 반 친구들에게 기념품을 하나씩 나눠주셨어요. 바로 '어린이 명예 소방관' 배지였지요. 재헌이는 배지를 받아들고 잠시 고민하다 소방관 아저씨에게로 걸어갔어요.
　"소방관 아저씨!"
　"왜?"
　"제 친구가 오지 못했거든요. 배지 하나만 더 주세요."
　"그래. 오늘 배운 거 친구에게도 꼭 설명해 주렴."
　"네. 고맙습니다."
　재헌이는 선영이에게 줄 배지를 가방에 넣었어요. 그리고 소방서에 올 때보다 훨씬 가벼운 마음으로 집에 갔어요.

다음 날, 재헌이는 선영이가 오기를 기다렸어요. 어제 소방관 아저씨에게 받은 배지를 손에 꼭 쥐고서요. 그렇게 몇 분을 기다리자 선영이가 쩔뚝이며 걸어오는 게 보였어요.
"선영아, 어서 와!"
재헌이는 선영이를 보곤 큰 소리로 인사했어요.

"선영아. 어제 체험학습 빠져서 속상했지? 미안해."
"괜찮아. 어제 치료받고 붕대 풀었거든."

그러고 보니 선영이의 발목에 붕대가 보이지 않았어요. 재헌이는 선영이가 빨리 나아서 정말 다행이라고 생각했어요.
"선영아, 이거 받아."
"이게 뭔데?"
"어린이 명예 소방관 배지인데, 너 주려고."
"정말? 고마워!"
선영이는 소방관 배지를 받고 배시시 웃었어요.

"어제 뭐 배웠어?"

"소화기 사용법이랑 응급처치하는 법 배웠어."

"그래? 재미있었겠다."

"체험학습에서 배운 걸 알려줄까?"

"좋아. 대신, 나에게 또 모래 뿌리면 안 돼!"

"당연하지! 이젠 그러지 않을게."

##  놀이터에서 안전하게 놀려면?

**미끄럼틀**

- 올라갈 때와 내려갈 때 손잡이를 꼭 잡으세요.
- 미끄럼틀에서 내려올 때 앞사람이 없는지 확인하고, 엎드려 타거나 서서 타면 위험해요.
- 손에 장난감이나 위험한 물건을 들고 타지 마세요.

**시소**

- 마주 보고 타고 손잡이를 꼭 잡으세요.
- 시소 위에 서 있거나 뛰지 말고, 시소에서 내릴 때 발을 시소 아래에 두지 마세요.

## 회전 자전거

- 회전 자전거가 뜨거울 때엔 데이지 않도록 조심하세요.
  (여름에는 회전 자전거가 뜨거워질 수 있어요.)
- 페달에 쓰레기나 이물질을 끼우지 마세요.
- 회전 자전거를 서서 타지 마세요.

## 그네

- 사람이 타고 있을 때 그네 앞이나 뒤로 지나가지 마세요.
- 그네가 움직이고 있을 때에 뛰어내리지 마세요.
- 서서 타지 말고 앉아서 타세요.
- 줄은 꼭 손으로 잡으세요.

## 오르기 기구 (정글짐)

- 물기 있는 손으로 올라가지 마세요.
- 다른 친구가 내려오는 방향으로 올라가면 서로 다칠 수 있어요.
- 위에 있는 친구의 발을 잡거나 흔들면 친구가 떨어질 수 있어요.
- 양손을 잡고 오르세요.

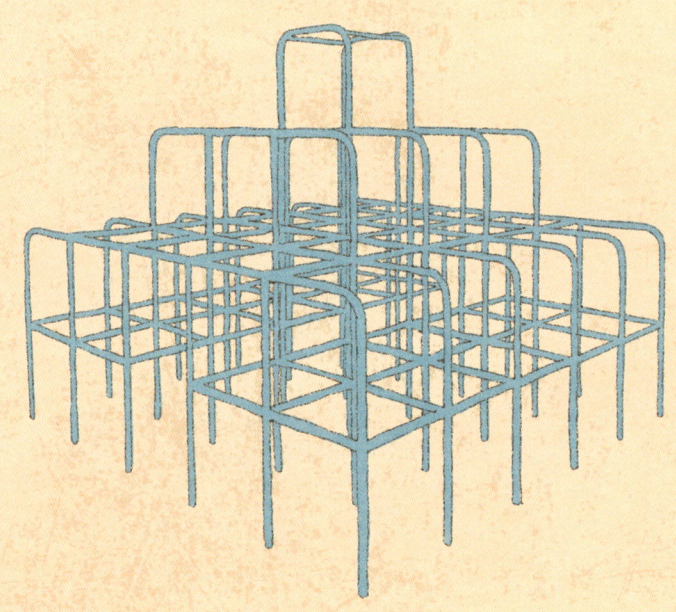

(출처 : 소방방재청 대표 블로그 http://blog.naver.com/nemablog/40209280000)

## 스스로 평가

- 신발을 신고 놀았나요?  　네　아니오

- 친구에게 흙이나 돌을 던졌나요?  　네　아니오

- 젖은 손으로 놀이 기구를 탔나요?  　네　아니오

- 놀이 기구에 오르거나 탈 때 손으로 꼭 잡았나요?  　네　아니오

- 끈이 달린 옷을 입고 놀이 기구를 탔나요?  　네　아니오

- 놀이 기구에서 놀고 있는 친구를 밀치거나 팔·다리를 잡아당기는 장난을 했나요?  　네　아니오

- 혼자 타는 놀이 기구에 친구와 같이 탔나요?  　네　아니오

- 놀이 기구를 탈 때 앉아서 타지 않고 서서 탔나요?  　네　아니오

- 친구가 내려오는 방향으로 올라갔나요?  　네　아니오

- 놀이 기구를 탈 때 완전히 멈춘 상태에서 탔나요?  　네　아니오

- 사단법인 대한줄넘기협회 한국줄넘기교육원 http://www.jumprope.co.kr/room/basic_info.asp#7
- 사단법인 대한줄넘기협회한국줄넘기교육원 http://www.jumprope.co.kr/room/basic_info.asp
- 사단법인 대한줄넘기연맹 http://www.kjf.or.kr/
- 쿠키뉴스 http://news.kukinews.com/article/view.asp?page=1&gCode=cul&arcid=0007878195&cp=du
- e뉴스 24 http://enews24.interest.me/news/article.asp?nsID=345810
- 부천시생활체육회 http://cafe.daum.net/bcs1991/Fgzu/14?q=%C8%C7%B6%F3%C8%C4%C7%C1%20%B1%E2%BA%BB%C0%DA%BC%BC
- 소방방재청 대표 블로그 http://blog.naver.com/nemablog/40209280000)